ALLAN KARDEC

Análise de Documentos Biográficos

Jorge Damas Martins
Stenio Monteiro de Barros

Allan Kardec

Análise de Documentos Biográficos

Apresentação e Notas de
L. Palhano Jr.

Lachâtre

Direitos de publicação cedidos pelo autor ao
Instituto Lachâtre
Caixa Postal 164 - CEP 12914-970
Bragança Paulista - SP
Telefone: 11 4063-5354
Site: www.lachatre.org.br
E-mail: editora@lachatre.org.br

Capa: Andrei Polessi

Abril de 2014 - 2ª Edição
Tiragem: 1.000 exemplares
Impressão: Markpress Brasil Indústria Gráfica Ltda.

CIP-Brasil. Catalogação na fonte

M386a Martins, Jorge Damas, 1957-
Allan Kardec, análise de documentos biográficos / Jorge Damas Martins e Stenio Monteiro de Barros. Apresentação de Lamartine Palhano Júnior - Bragança Paulista, SP : 2014.
80 p.
Bibliografia

1. Kardec, Allan, 1804-1869 — Biografia. 2. Boudet, Amélie Gabrielle, 1795-1883 — Biografia. I. Barros, Stenio Monteiro de, 1945-. II. Palhano Jr., Lamartine, 1946-, *apres.* III. Título.

CDD 922 CDU 92 (Kardec, Allan): 133.7

Impresso no Brasil
Presita en Brazilo

Nossa homenagem póstuma aos pesquisadores da vida e obra do casal A. KARDEC:

. CANUTO DE ABREU
. DEOLINDO AMORIM
. FRANCISCO THIESEN
. IDALINDA MATTOS
. NEWTON BOECHAT
. ZEUS WANTUIL

Na ausência dos fatos, a dúvida se justifica no homem ponderado.

Allan Kardec
(*O livro dos espíritos* - Introdução)

Nada há encoberto, que não venha a ser revelado; nem oculto, que não venha a ser conhecido.

Jesus (Lc 12,2)

Sumário

Os Bastidores da História

Pululam no universo infinito galáxias de variadas formas, a rodopiarem sobre si mesmas, compostas por incontáveis sistemas estelares, estes, por sua vez, salpicados de mundos, cada qual com sua história. A Terra é mais um dentre tão numerosos planetas que formam as "muitas moradas da casa do Pai".

Em nosso planeta, para contar suas histórias e reconhecer os tempos e as épocas, os homens começaram a deixar suas marcas e seus desenhos nas rochas das cavernas, nos primeiros arroubos da inteligência. Com a evolução do espírito humano, as civilizações apareceram, inicialmente deixando seus sinais nas placas de barro, nos monumentos e nas pedras, bem como nas paredes dos templos, dos palácios e das tumbas; acrescida depois do recurso das tintas, nos papiros e pergaminhos, a humanidade conseguiu registrar requintes do pensamento filosófico e religioso e de sofisticada literatura, permitindo a preservação, até nossos dias, de cópias raríssimas das antigas escrituras dos hebreus e dos textos evangélicos. O surgimento do papel, inventado pelos chineses e introduzido na Europa no século XII, durante as Cruzadas, abriu caminho para o advento da imprensa. Esta, detentora de espetacular capacidade de transformação e somada a um conjunto de fatores, decretou o fim da sociedade medieval e deu início à Idade Moderna.

A invenção de Gutenberg permitiu a muitos o acesso aos textos que estavam encerrados nos mosteiros, onde ainda dominavam o latim e o grego, possibilitando as traduções para a linguagem de cada povo e dando repercussão mundial à insurreição de Lutero contra o domínio da Igreja de Roma, que se diz herdeira do Crucificado e que, em seus muitos absurdos, afirmava que o latim era a língua pela qual se podia conversar com Deus.

Entretanto, o acesso que se tem hoje, em praticamente todos os idiomas, tanto ao Velho como ao Novo Testamento, divulgados para quem se interessar por aquelas instruções religiosas, não impediu a existência de falhas e erros históricos, que mais fazem parte da mitologia e das lendas dos povos, por causa das alterações e enxertias nos textos ditos sagrados, justamente por falta de documentação comprobatória.

Esforço enorme tem sido empreendido pelos arqueólogos e historiadores para que a veracidade dos fatos venha a lume e, aos poucos, novas ideias vêm surgindo acerca da vida dos antigos, de seus cultos e rituais. Os museus do mundo inteiro guardam o passado histórico da humanidade, em escritas, fósseis, peças, pinturas, esculturas, tudo por um melhor entendimento do comportamento humano na viagem do homem pelo Universo, como se a Terra fosse uma grande escola, uma grande nave, que se move para o Infinito.

Apesar de ainda ignorado pela ciência oficial, o espiritismo tem contribuído para uma melhor compreensão da história da humanidade, através das revelações mediúnicas e das pesquisas na memória integral da individualidade.

Devem, contudo, os espíritas se precaver dos erros cometidos em outras instituições, principalmente religiosas, quando, numa atitude paternalista, o homem se arroga o direito de determinar o que se deve ou não ler ou saber. Muitas instituições humanas têm mantido essa postura ditatorial, exclusivamente para a manutenção do monopólio das ideias no campo do domínio das consciências. As igrejas tendem a esconder os argumentos verídicos da história para ter seus heróis como santos, venerando, com isso, verdadeiros criminosos junto aos que realmente foram mártires pelo bem e pelo amor legítimos.

A história do espiritismo não pode ser conspurcada pela omissão e a mentira, buscando-se com isenção os fatos e acontecimentos, sem endeusamentos desnecessários. A documentação pertinente comprova a vida e a obra dos espíritas, como se faz agora com a publicação deste arquivo sobre o casal Allan Kardec / Amélie Boudet, provando que eles foram gente, seres humanos, não deuses ou avatares encarnados. Mostra o nascimento e a morte, expiações e provações, trabalho social e tarefa missionária, deixando claro que são espíritos que se prepararam antes e durante a encarnação para poderem cumprir suas obrigações, assumidas em seus programas existenciais.

Espíritas, irmãos, que se encontram agora no *front* da batalha da luz contra as trevas da ignorância espiritual na

Terra, ouçam a voz dos documentos, que surgem dos arcanos da história, retirados dos velhos alfarrábios com auxílio da tecnologia moderna e compreendam a natureza do destino do homem, de suas dores, de suas angústias, de seus esforços para o progresso. Com essa visão, emergirá, sem dúvida, a ideia da grande família que é a humanidade, com seus erros e virtudes, favorecendo a fraternidade e incentivando o esforço para a transformação moral.

Na França, na Inglaterra, nas Américas, em todo o mundo a documentação é farta; necessário que seja aproveitado o legado dos antigos, procurando a verdade. Nada pode impedir que os espíritas, utilizando seus potenciais anímicos e mediúnicos, alcancem os bastidores da própria história.

Léon Denis[1]

[1] Mensagem psicografada no CIPES (Círculo de Pesquisa Espírita, Vitória, ES) em 11 de novembro de 1999, quando solicitamos uma apreciação espiritual para o presente trabalho. (Nota de L. Palhano Jr.)

Apresentação

Andávamos preocupados com a ausência de documentação histórica no Brasil, acerca do espiritismo, e de espíritas interessados em historiar ou realizar o resgate das realizações e eventos espíritas.

Entretanto, adveio-nos um sentimento de satisfação, quando percebemos que os historiadores natos começaram a aparecer. Não estão mais esperando que os especialistas se predisponham a fazer o seu trabalho.

Entendemos isso, quando, ao empreendermos a hercúlea tarefa de resgate histórico da vida e obra de Jeronymo Ribeiro, baluarte da assistência social espírita no estado do Espírito Santo, de Fenelon Barbosa, um dos grandes líderes do espiritismo e da maçonaria no estado do Espírito Santo, e de Francisco Peixoto Lins, o grande médium cearense de materializações luminosas, que atuou em várias cidades brasileiras, encontramos dificuldades que realmente não são fáceis de serem ultrapassadas.

Portrait allégorique du m. Allan Kardec
(Retrato alegórico do sr. Allan Kardec)[2]

[2] Pintura a óleo do reconhecido Raymonde Auguste Quinsac Monvoi-

É muito difícil recuperar a história, se não existe uma farta documentação comprobatória, fato que impede a especulação e as lendas criadas em torno de uma pessoa expressiva dentro da sociedade, cuja tendência religiosa tende a santificá-la a todo custo, para nela se refletir de modo equivocado.

Por outro lado, mais satisfeito ficamos ao encontrar, na literatura espírita de hoje, obras de professores e pesquisadores espíritas recuperando fatos, testemunhos e documentos espíritas, garantindo que nossas bibliotecas tenham à mão a história documentada.

Agora, oportunamente, tenho em mãos uma boa documentação sobre Allan Kardec, incluindo certidões, quando verificamos a realidade histórica sendo discutida sobre uma base sólida de testemunhos de época, reconhecidos nos cartórios da França. Trata-se do trabalho de pesquisa *Allan Kardec (análise de documentos biográficos)*, dos pesquisadores Jorge Damas Martins & Stenio Monteiro de Barros. Trabalho de grande importância documental, visto que recupera para a história do espiritismo dados importantes sobre o Codificador e sua esposa.

É um novo impulso à tarefa de resgate da história do espiritismo, e, na verdade, é preciso uma visão bem ampla para entender o significado de se ter em mãos a realidade histórica documentada. Já temos exemplos de

sin (Bordeaux, 31.05.1790 - Boulogne-sur-Seine, 26.03.1870). Monvoisin, quando no Brasil, reproduziu em tela o mais belo retrato de d. Pedro II (1847). O Museu Imperial de Petrópolis, RJ, guarda seu *Autorretrato* (1850). Adepto do espiritismo, Monvoisin escreveu: “Eu sou médium-pintor”. (*Figaro*, 31.03.1870.) Em espírito, demonstrou sua amizade e reconhecimento pelo casal Rivail (ver *fac-simile* da *Revue Spirite* de 1883, na página 79).

erros clamorosos, com as distorções da personalidade de Jesus e de seus primeiros seguidores, bem como necessitamos de dados concretos para combater as calúnias dos inimigos do espiritismo que ainda existem sobre a figura exemplar de Allan Kardec. Esta é uma obra que deve estar presente em todas as bibliotecas dos estudiosos, espíritas e não-espíritas, para que conheçam melhor o casal Rivail e para que daqui a alguns séculos possam afirmar: eles existiram.

Vitória, 10.11.99

L. Palhano Jr.

Duas Palavras

"Vive l'Internet!"

Assim começou nosso intenso contato com a França, há quatro anos.

M. Chanut, *webmaster* da prefeitura de Bordeaux, França, foi profético ao assim se expressar quando nos enviou os primeiros documentos históricos do espiritismo, solicitados eletronicamente.

Que surpresa... gritamos viva!

Nunca poderíamos imaginar que tão perto chegaríamos de Allan Kardec e de outros seareiros da primeira hora.

O planeta está globalizado.

A informação, a mais distante e esquecida, está ao alcance do homem.

A 'qualidade total', hoje tão propagada, é uma realidade. Ela se projeta nos serviços públicos e privados da França... Atenção, dedicação, interesse e cortesia foram atitudes constantes e que muito nos emocionaram.

Todas essas possibilidades estão a serviço também dos espíritas, sem fronteiras, barreiras e preconceitos.

Essa busca incessante nos trouxe surpresas e também descobertas, auxiliando-nos no resgate de nossa identidade espírita.

Hoje temos coligido uma gama imensa de documentos, os mais diversos, e este livro, *Allan Kardec – análise de documentos biográficos*, é uma diminuta parcela de nossa pesquisa que, gradativamente, em outras oportunidades, daremos a público.

A pesquisa continua ...

Os autores

Mapa da França

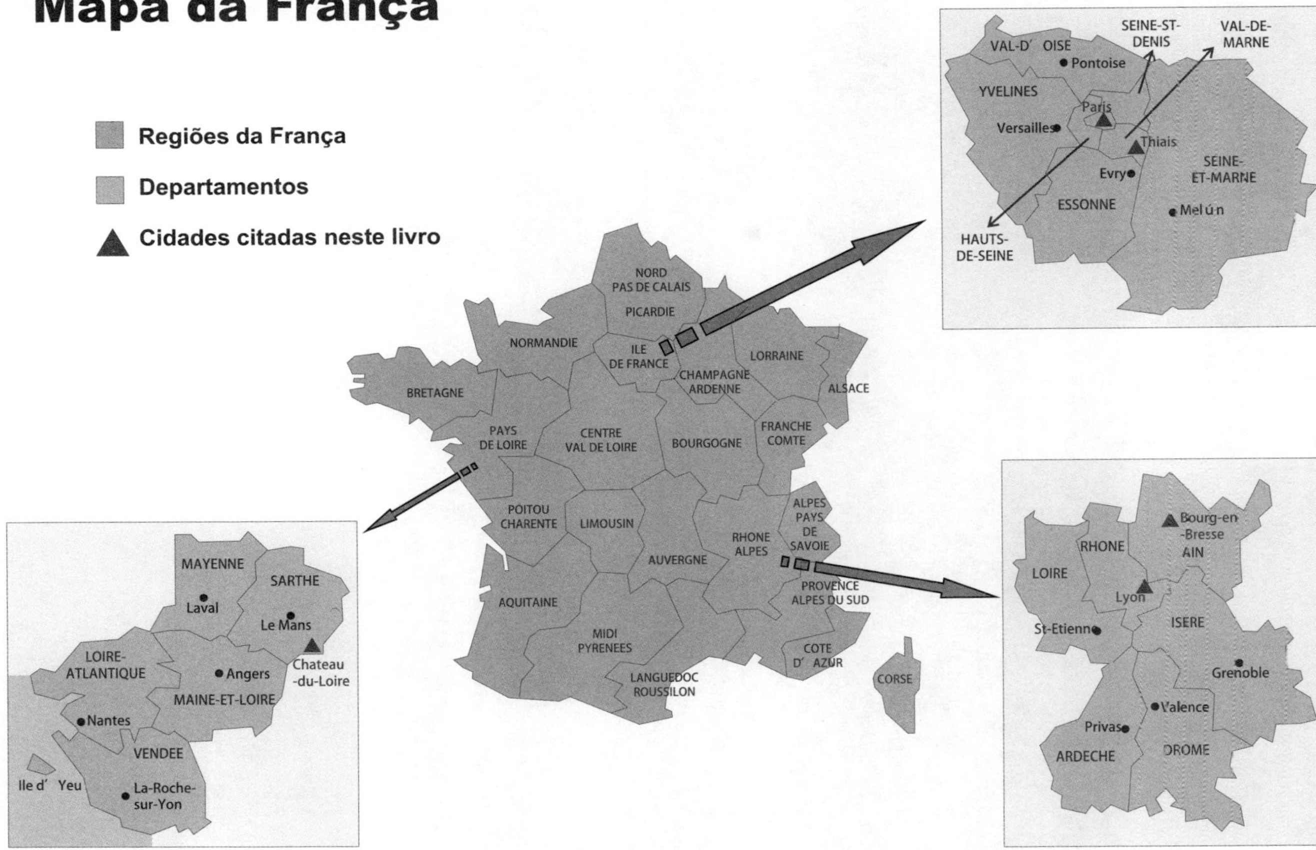

1. A CERTIDÃO DE NASCIMENTO DE ALLAN KARDEC

O Mensageiro da Renovação[3]

[3] Expressão usada pelo espírito Irmão X (Humberto de Campos), no livro *Cartas e crônicas*, no cap. 28, "Kardec e Napoleão", psicografia de F. C. Xavier, 5ª Ed. FEB, p. 126.

67.

Du Douze vendémiaire an treize

Acte de Naissance de Denisard hyppolite Leon Rivail, né

hier Soir à Sept heures, fils de Jean Baptiste Antoine Rivail

homme de loi; demeurant à Bourg de L'ain, et actuellement en

paris, et de Jeanne Louise Duhamel Son Epouse. Le Sexe de

L'enfant a été Reconnu masculin. Témoins majeurs Syriaque

frederic Dittmar, Directeur de L'Etablissement des Eaux minerales

[illegible] rue Sala, et Jean françois Targe Demeurant même rue

Sur la Réquisition de Pierre Radamel, medecin [illegible]

Demeurant rue Saint Dominique N.º 78. Lecture faite, ont

Signé. Constaté par moi maire Soussigné [illegible]

à lyon, rue Sala N.º 74. renvoi approuvé

Radamel Dittmar Targe [illegible]

Documento 1: Certidão de nascimento de Allan Kardec.

A Certidão de Nascimento de Allan Kardec:

67 *Du douze vindémiaire de l'an troize.*

Acte de naissance de Denisard, Hypolite Leon Rivail, né hier soir à sept heures, fils de Jean Baptiste Antoine Rivail, homme de loi, demeurant à Bourg de L'Ain, et actuellement à Paris, et de Jeanne Louise Duhamel son epouse. Le sexe de l'enfant a été reconnu masculin. Témoins majeurs Syriaque Frederic Dittmar, Directeur de L'Établissement des eaux minérales, susdite rue Sala, et Jean François Turge demeurant même rue. Sur la réquisition de Pierre Rodamel, médecin, demeurant rue Saint Dominique, nº 78. Lecture faite, et ont signé. Constaté par moi maire soussigné / de présent à Lyon, rue Sala, nº 74. Renvoy approuvé/

.... Assinaturas ....

67 Aos doze, vindimário, ano treze.

Certidão de Nascimento de Denisard, Hypolite Leon Rivail, nascido ontem à tarde, às sete horas, filho de Jean Baptiste Antoine Rivail, homem de lei, morador em Bourg de L'Ain, e atualmente em Paris, e de Jeanne Louise Duhamel, sua esposa. O sexo da criança foi reconhecido como masculino. Testemunhas principais, Syriaque Frederic Dittmar, diretor do estabelecimento de águas minerais, (nota acima) na rua Sala, e Jean François Turge, morador na mesma rua. Por requisição de Pierre Rodamel, médico, morador à rua Saint Dominique nº 78. Leitura feita, e por todos assinada. Constatada por mim, prefeito, abaixo assinada / Atualmente em Lyon, rua Sala, nº 74. Nota aprovada/

.... Assinaturas ....

Lyon, margem do rio Saône (Foto E. Audi)

A vida tem dessas coisas. Há anos que um grupo de amigos[4] vem insistindo no levantamento dos primórdios do espiritismo, através de uma série de contatos e pesquisas junto a entidades públicas e privadas da França.

Pouco a pouco as 'peças' de um enorme 'quebra-cabeças' histórico vão se encaixando. Ora, nessa intensa correspondência com a França, uma 'tentação' surgiu, inevitável. E sobre o nome de Kardec? E se conseguíssemos as certidões de nascimento, casamento e óbito do querido missionário lionês? E sobre Amélie Boudet?

Assim, foi feito. O 'alvo' primeiro foi a certidão de nascimento do Codificador, cujo *nome* (Denizard, Hippolyte Léon Rivail) e a *data* (03 de outubro de 1804) foram há algum tempo atrás objetos de controvérsias.

A controvérsia é válida, principalmente quando gira em torno de "um dos mais lúcidos discípulos do Cristo ... com a sagrada missão de abrir caminho ao espiritismo, a grande voz do Consolador prometido ao mundo".[5]

Controvérsia sim, polêmica nunca! A controvérsia leva à pesquisa, que esclarece e ilumina. A polêmica não prova, agride, divide e afasta.

A proposta é sempre a mesma: quando pudermos mostrar com clareza às pessoas, espíritas ou não, quem foi realmente Allan Kardec, sua vida, probidade e grandeza moral, todos compreenderão melhor sua obra de luz.

Assim, chegamos por carta ao *Hotel de Ville* de Lyon, Service Télématique, que, através da *mme.* Martine Gaston, nos enviou, em 17.01.97, a certidão de nascimento de A. Kardec, acompanhada de votos de "*bonne année* 1997". E quantas surpresas!

---

[4] Júlio Couto Damasceno, Stenio Monteiro de Barros e Jorge Damas Martins.

[5] Emmanuel,. *A caminho da luz*, Ed. FEB de 1975, p. 194, psicografia de F. C. Xavier.

Vamos analisar cuidadosamente o documento:

1 - A Data de Nascimento de Rivail:

A certidão de nascimento foi requerida "aos doze vindimário, do ano treze".

Esta data pertence ao calendário da Revolução Francesa, que começou em 22 de setembro de 1792, ano I da República. Pelo novo calendário, oficializado em novembro de 1793, o ano tinha doze meses de 30 dias e mais cinco dias complementares, dedicados às festas republicanas. O novo calendário nunca foi popular. Com exceção dos funcionários do governo, poucas pessoas usavam o calendário, embora ignorá-lo fosse considerado crime. Em primeiro de janeiro de

1806 ele foi definitivamente abolido por Napoleão.

Hoje, com o avanço da informática, já existe um *software* elaborado por P. Capdeville, que transforma, automaticamente, as datas do calendário da Revolução para as do nosso calendário. O programa chama-se *Calendrier*, do qual obtivemos a versão 3.1.

10, Rue Reni Cassin
51000 Chablons en Champagne
France
Tel.: 03.26.21.20.24

Esse *software* confirma, em definitivo, a data do registro civil, a 04 de outubro de 1804; porém, o nascimento de Allan Kardec ocorreu na véspera. A certidão registra: "Nascido ontem". Logo, temos o nascimento do Codificador em 3 de outubro de 1804, quarta- feira, como precisamente registraram seus biógrafos.

2 - Horário

"Ontem à tarde, às 7 horas"...

H. Sausse em sua biografia registra: "às 7 horas da noite"[6] e Zeus/Thiesen "às 19 horas"[7]

'*Soir*' significa: depois do meio-dia. É semelhante ao *p.m.* da língua inglesa.

3 - Nome de Rivail

"Denisard, Hypolite Leon Rivail".

Emmanuel afirma: "Na Terra ou no plano invisível, temos a simbologia sagrada das palavras" (*O Consolador*, pergunta 141, FEB, 28ª Edição, 3/2008, Brasília - DF). Interpretamos assim o nome do Codificador: 'Denisard' vem de 'Denis' ('Dinis' ou 'Dionísio') que leva o sentido de vinho, em essência é espírito, o espírito da videira. 'Hypolite' = 'hipotenusa' ou reta. 'Leon' = 'leão', o que passa a ideia de força. 'Rivail'= 'rio' ou 'algo que flui'. Assim, pela "simbologia sagrada" temos: 'Espírito reto e forte, que flui beneficiando a humanidade'.

Questiona-se se 'Denizard' teria sua grafia correta com 's' ou com 'z' . A certidão grafa com 's'. Essa forma de escrever Denisard não é impossível, pois:

> [...]o hipocorístico de Denis terminado com ard (o que nos interessa de modo especial) é *sobretudo* encontrado com 'z' (Denizard), conquanto seja também vista a forma Denisard, forma esta pejorativa, no entender do autor do *Dicionário etimológico* (A. Dauzat).[8]

---

[6] *O que é espiritismo*, 23ª ed. FEB, p. 10.

[7] *Allan Kardec (meticulosa pesquisa biobibliográfica)*, 1ª ed. FEB, p. 29, vol. I.

Hypolite com apenas um 'p', além do 'y' está em seguida ao 'h' e não do 'l', conforme se observa na cópia. O fato é simplesmente curioso, porque o comum é 'pp' e 'y' só depois do 'l'.

A hipótese mais aceitável é de algum engano do escrivão e a de que Henri Sausse tenha simplesmente corrigido o equívoco em sua 'transcrição', bastante livre, do documento original.

Na certidão, "Léon", também se encontra sem o acento agudo (Leon).

No entanto, comenta o sábio pesquisador Canuto de Abreu: "Em matéria de nomes próprios com vários derivados regionais ou tribais, a melhor regra é seguir a grafia do registro civil..."[9]

Corrobora com essa ideia Lourenço Diaféria em sua crônica, "Mulher é fogo", publicada na revista *Unibanco* (1997): "Entre as normas ortográficas da Academia de Letras e a certidão de nascimento prevalecia o assentamento no cartório".

Com a palavra os historiadores!

4 - Profissão do Pai de Allan Kardec

A certidão registra que o sr. Jean Baptista Antoine Rivail era "homem de lei".

H. Sausse interpreta a informação como "magistrado, juiz". Seguem na mesma linha Zeus/ Thiesen, completando que "grande número de antepassados (de A. Kardec) se ti-

---

[8] Zeus/Thiesen, pp. 196/7, vol. I.

[9] Idem, p. 193.

nham distinguido na advocacia, na magistratura e até mesmo no trato dos problemas educacionais".[10]

Sem sombra de dúvida, H. Sausse tinha informações seguras para interpretar "homem de lei" como "magistrado, juiz".

5 - Residência dos Pais de A. Kardec

A certidão de nascimento informa que o pai do menino Rivail "era morador em Bourg de L'Ain, e atualmente em Paris".

José Maria Quérard, no tomo XII de sua obra *La France littéraire* (1859-64) também salienta, "que a mãe de Rivail era natural de Bourg, sede do departamento de Ain".[11]

Visando à exatidão dos fatos, interrogamos o sr. Jean-Louis Pailhès, chefe da *salle des catalogues et des bibliographies* da Biblioteca Nacional da França (BNF), e obtivemos, por *e-mail*, de 16.04.97, a seguinte informação:

> Realmente Bourg de L'Ain designa de fato a cidade de Bourg-en-Bresse, prefeitura do departamento de L'Ain, a 60 quilômetros aproximadamente a noroeste de Lyon e que foi durante muito tempo chamada, simplesmente, de 'Bourg'. L'Ain se encontra entre o rio Saône (que se lança no rio Rhône em Lyon) e a fronteira com a Suíça.
>
> A frase da certidão de nascimento deve querer dizer que o pai da criança habitava Bourg (-en-Bresse), que era a sua residência habitual, principalmente, mas que, naquele momento, ele devia estar instalado, talvez provisoriamente (para negócios?), em Paris.

[10] Idem, p. 31.

[11] Idem, p. 29.

Assim, surge uma questão. Se a mãe de Kardec provinha do Bourg e se o seu pai residia nesse local, habitualmente, será que Kardec nasceu mesmo em Lyon?

6 - Local do Nascimento de A. Kardec

A certidão de nascimento de Kardec é surpreendente, quando informa, categoricamente, através de um asterisco, o seguinte: "Jeanne Louise Duhamel, sua esposa*".

Esse asterisco remete o leitor atento para as últimas linhas da certidão, onde se encontra: "* Atualmente em Lyon, rua Sala, nº 74. Nota aprovada".

Isso significa que a sra. Duhamel, temporariamente, estava residindo em Lyon, na rua Sala nº 74, quando deu à luz o menino Rivail.

Essa estada momentânea se dava em casa de parentes? Amigos? Era fruto da necessidade de assistência, dada a viagem para Paris de seu esposo, o sr. Jean Baptiste Antoine Rivail? O certo é que forças se congregaram, e o futuro Codificador "renascia num abençoado lar de Lião".[12]

Mais à frente, a certidão esclarece com precisão: "Syriaque Frederic Dittmar, Diretor do Estabelecimento de Águas Minerais, nota acima (*susdite*), na rua Sala".

Ora, essa "nota acima" é o asterisco que segue a palavra esposa, que, como vimos remete para a nota aprovada no fim da certidão.

Logo, o menino Rivail nasceu em Lyon, na rua Sala, nº 74,[13] local do Estabelecimento de Águas Minerais, dirigido pelo sr. S. F. Dittmar.

[12] Irmão X, *Cartas e crônicas*, p. 126. A palavra *lar* deve ser trocada por *estabelecimento*. Essa *troca* é mais uma prova de que nem todos as espíritos conhecem os detalhes com precisão.

[13] H. Sausse, sem dúvida, cometeu um lapso (naquela época não havia cópia

O que seria esse Estabelecimento de Águas Minerais? Por que a sra. Duramel se encontrava lá, num estado de gravidez tão avançado?

Continuando nossa incansável pesquisa sobre outros assuntos ligados à biografia do querido Allan Kardec, recebemos da arquidiocese de Lyon, em 20 de junho de 1999, preciosas informações do padre Réges Montbel, que, fazendo uma interpretação da certidão, comenta revelador:

> – O Ato de Nascimento da Prefeitura abre uma pista ... A família habitava o Bourg de L'Ain. Por razões médicas, a *mme.* Duramel se restabelecia no Estabelecimento de Águas Minerais, na rua Sala, onde deu à luz H. L. D. Rivail.

Que surpresa! Ficamos entusiasmados. Escrevemos imediatamente para os Arquivos Municipais de Lyon e, rapidamente, *m.* André Maire, *Assistant de Conservation du Patrimoine*, em 25 de agosto de 1999, nos enviava um farto material esclarecendo o que parecia silêncio eterno da história. Observemos:

A rua Sala teve sua origem narrada no primeiro volume do livro de Fonds Benoit Vermorel, um manuscrito de 1866, de setecentos e trinta e duas páginas, com o título: *Aménagement urbain: quartier Bellecour, d'Ainay, Perrache et de la P*

resqu'île: notes historiques et statistiques. Acompanhemos os fatos mais marcantes:

No início do século XVII, o local era originalmente o Monastério de Santa Maria de Bellecour. Um terreno de 13.000 m^2 adquirido em 30 de maio de 1617.

---

fotostática), trocando o nº correto 74 pelo nº 76.

Rue Sala 469

Monastère de Ste Marie de Bellecour

Les Religieuses de la Visitation avaient trois couvents dans notre Ville:

Le Premier dans la rue Sala, connu sous le nom de Religieuses de Ste Marie de Bellecour.

Le Deuxième, sous celui de Religieuses de l'antiquaille.

Le Troisième, appelé Ste Marie des Chaînes.

Nous ne parlerons ici que de l'établissement de la rue Sala, le plus ancien et le plus considérable des trois.

Les Religieuses du nouvel institut de la Visitation de Marie, fondé par St François de Salles à Annecy en 1610, vinrent en 1612 à Lyon, où elles logèrent provisoirement à la Côte St Sébastien vers la rue des Fantasques. (1)

Ayant trouvé un emplacement à leur convenance dans le nouveau quartier de Bellecour, elles en firent l'acquisition et se pourvurent auprès du Consulat pour obtenir l'autorisation d'y fonder un monastère.

Elle fut accordée le 30 Mai 1617 en ces termes:

(1)

Cópia de página de livro de Vermorel, que narra a história da rua Sala

Essa ordem foi fundada em 1610 por são François de Sales, que faleceu neste local, em 22 de dezembro de 1622. As religiosas foram adquirindo outros imóveis e, no final do séc. XVII, já possuíam 21.000 m², na rua Sala. Com a Revolução Francesa, todos os imóveis foram transformados em bens nacionais e vendidos em forma de lotes. Dois lotes, totalizando aproximadamente 14.000 m², foram adquiridos pelo já citado sr. Syriaque Frederic Dittmar, em 1° de maio de 1798.

O sr. Dittmar transformou, posteriormente, o claustro das religiosas de *ste.* Marie de Bellecour, em vários estabelecimentos:

a) Escola Real de Equitação (1810);

b) Orfanato das Irmãs da Santa Trindade (*trinitaires*). Orfanato administrado pelas irmãs da Congregação da Santa Trindade e destinado a meninas pobres abandonadas;

c) Caverna de Policiamento a Cavalo (1826);

d) Escritórios da Prefeitura;

e) Estabelecimento de Águas Minerais (1802).

Tudo está minuciosamente narrado no extenso livro do sr. Vermorel. Porém, só vamos pincelar informações sobre o Estabelecimento de Águas:

O estabelecimento é de águas minerais artificiais e ficava em frente ao monastério de Bellecour. Existiu durante trinta e cinco anos. Quando fundado, tinha a razão social de Paul & Cia. Esse estabelecimento recebeu relatórios favoráveis do Instituto e da Sociedade de Medicina de Paris e da Sociedade de Medicina e Ateneu de Lyon. A terapia constituía de banhos, duchas, vapor, assistência médica (o médico do parto da sra. Duhamel foi o sr. Pierre Rodamel) e quartos para os doentes se hospedarem. Foi num desses aconchegantes quartos que nasceu o menino Rivail.

Agora entendemos as até então enigmáticas palavras de A. Kardec, na *Revue Spirite* de julho de 1862, no artigo "Assim se escreve a história - os milhões de sr. Allan Kardec": "Jamais morei em Lyon ". Em outras palavras: nasceu em Lyon e, após o restabelecimento materno, foi para o Bourg de L'Ain, onde residiam seus pais.

7 - Testemunhas Maiores

A certidão informa que as "*témoins mayeurs*" foram o sr. Syriaque Frederic Dittmar, já mencionado, e o sr. Jean François Turge,[14] também morador na rua Sala (No nº 74?

A certidão nada informa. Penso ser ele funcionário de Estabelecimento de Águas Minerais).

8 - O Médico Responsável pelo Parto

O registro civil foi requerido pelo médico, morador à rua Saint Dominique, nº 78, sr. Pierre Rodamel,[15] que também assinou a certidão.

9 - O Prefeito Responsável pelo Registro

A certidão traz apenas: "Constatada por mim, prefeito, abaixo assinada".

O registro, curiosamente, não informa o seu nome por extenso. Pela assinatura, só conseguimos ler seu primeiro

---

[14] H. Sausse grafa Targe, trocando o correto 'u' pelo 'a'.

[15] H. Sausse grafa Radamel, trocando o correto 'o' pelo 'a'.

nome: Rambaud. Aqui, mais um equívoco de H. Sausse, que informou ser o responsável pelo registro civil o presidente do Tribunal, sr. Mathiou. O engano se explica: na certidão de nascimento de *mme.* Boudet, que sem dúvida H. Sausse olhou, mas, por razões óbvias, não pôde fotocopiar, encontramos o prefeito (*le maire*) Mathieu. Mathieu com 'e', e não com 'o' e assinando como prefeito, e não como "presidente do Tribunal".

10 – Assinaturas e Rubricas

Na ordem, a certidão registra, claramente, as assinaturas e rubricas dos srs. P. Rodamel, S. F. Dittmar, J. F. Turge[16] e do prefeito Rambaud.

[16] Na assinatura do sr. Turge, o 'u' lembra um 'a'; porém, o nome por extenso se escreve com 'u'.

2. A CERTIDÃO DE NASCIMENTO DE AMÉLIE BOUDET

"A companheira amante e fiel" de Kardec[17]

[17] Zeus/Thiesen, p. 153, vol. III.

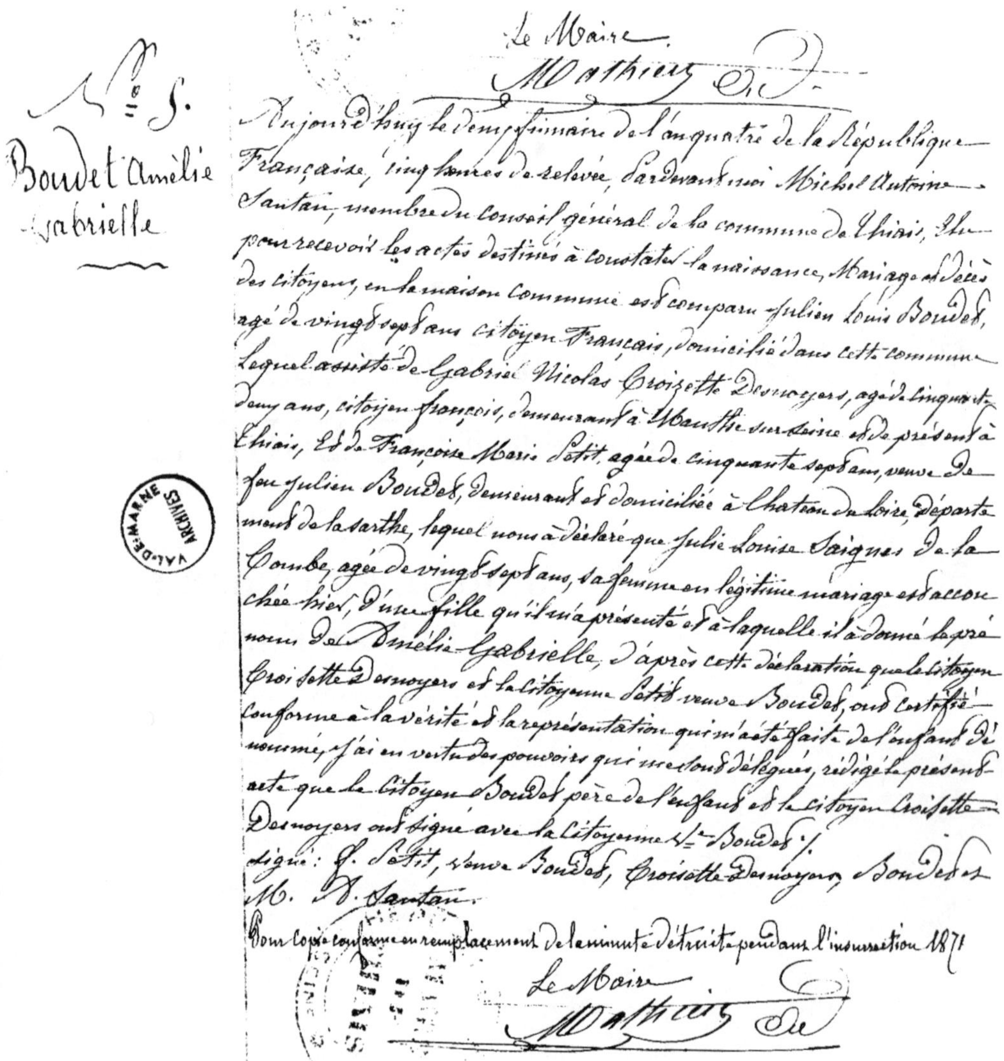

N° 5.

Boudet Amélie Gabrielle

Le Maire.
Mathieu

Aujourd'hui le deux frimaire de l'an quatre de la République Française, cinq heures de relevée, par devant moi Michel Antoine Santan, membre du conseil général de la commune de Thiais, élu pour recevoir les actes destinés à constater la naissance, Mariage et Décès des citoyens, en la maison commune est comparu Julien Louis Boudet, agé de vingt sept ans citoyen Français, domicilié dans cette commune, Lequel assisté de Gabriel Nicolas Croizette Desnoyers, agé de cinquante deux ans, citoyen françois, demeurant à Mantes sur Seine et de présent à Thiais, Et de Françoise Marie Petit, agée de cinquante sept ans, veuve de feu Julien Boudet, demeurant et domiciliée à Chateau du Loire, département de la Sarthe, lequel nous a déclaré que Julie Louise Saignes de la Combe, agée de vingt sept ans, sa femme en légitime mariage est accouchée hier, d'une fille qu'il m'a présenté et à laquelle il a donné les prénoms de Amélie Gabrielle, d'après cette déclaration que le citoyen Croizette Desnoyers et la citoyenne Petit veuve Boudet, ont certifié conforme à la vérité et la représentation qui m'a été faite de l'enfant dénommé, j'ai en vertu des pouvoirs qui me sont délégués, rédigé le présent acte que le citoyen Boudet père de l'enfant et le citoyen Croizette Desnoyers ont signé avec la citoyenne Ve Boudet./

Signé: F. Petit, veuve Boudet, Croizette Desnoyers, Boudet et M. A. Santan.

Pour copie conforme en remplacement de la minute détruite pendant l'insurrection 1871

Le Maire
Mathieu

Documento 2: Certidão de nascimento de Amélie Boudet

A Certidão de Nascimento de Amélie Boudet:

Nº 5
Boudet Amélie
Gabrielle

Aujourd'huy le deux frimaire de l'an quatre de la Répu blique Française, cinq heures de relevée, par devant moi, Michel Antoine Sautan, membre du Conseil Général de la commune de Thiais, élu pour recevoir les actes destinés à constater la naissance, marriage et décès des citoyens, en la maison commune, est comparu Julien Louis Boudet, agé de vingt sept ans, citoyen français, domicilié dans cette commune. Lequel assisté de Gabriel Nicolas Croisette Desnoyers, agé de cinquante deux ans, citoyen français, demeurant à Mauthe sur Seine et de présent à Thiais, et de Françoise Marie Petit, agée de cinquante sept ans, veuve de feu Julien Boudet, demeurant et domiciliée à Château du Loire, Département de la Sarthe, lequel nous a déclaré que Julie Louise Saigne de la Combe, agée de vingt sept ans, sa femme en légitime mariage, est accouchée hier, d'une fille qu'il m'a présenté et à laquelle il a donné le prénom de Amélie Gabrielle, d'après cette déclaration que le citoyen Croisette Desnoyers et la citoyenne Petit, veuve Boudet, ont certifié conforme à la verité et la représentation qui m'a été faite de l'enfant dénommé, j'ai en vertu des pouvoirs qui me sont délégués, rédigé le présent acte que le citoyen Boudet père de l'enfant et le citoyen Croisette Desnoyers ont signé avec la citoyenne veuve Boudet.

Signé: F. Petit, veuve Boudet, Croisette Desnoyers, Boudet et M. A. Sautan

Pour copie conforme au remplacement de la minute détruite pendant l'insurrection 1871.

Le Maire
Assinatura

Nº 5
Boudet Amélie
Gabrielle

Hoje, dois do frimário do ano quatro da República Francesa, às cinco horas da tarde, na minha presença, Michel Antoine Sautan, membro do Conselho Geral da Comunidade de Thiais, eleito para receber os atos destinados a constatar o nascimento, casamento e óbito dos cidadãos, na casa da comunidade, compareceu Julien Louis Boudet, de vinte e sete anos, cidadão francês, domiciliado nesta comunidade. O qual, acompanhado de Gabriel Nicolas Croisette Desnoyers, de cinquenta e dois anos, cidadão francês, habitando em Mauthe sur Seine e presentemente em Thiais, e de Françoise Marie Petit, de cinquenta e sete anos, viúva (do falecido) de Julien Boudet, habitando e domiciliada em Château du Loire, Departamento de Sarthe, declarou que Julie Louise Saigne de la Combe, de vinte sete anos, sua legítima esposa, deu à luz, ontem, uma menina que me foi descrita e a qual foi dado o nome de Amélie Gabrielle; após esta declaração que o cidadão Croisette Desnoyers e a cidadã Petit, viúva Boudet, certificaram a veracidade e da descrição que me foi feita da criança mencionada, em virtude dos poderes que me foram delegados, redigi o presente ato que o cidadão Boudet, pai da criança, e o cidadão Croisette Desnoyers assinaram juntamente com a cidadã viúva Boudet.

Assinado por: F. Petit, viúva Boudet, Croisette Desnoyers, Boudet e M.A. Sautan

Cópia conforme original destruído durante a insurreição de 1871.

Prefeito
Assinatura

No dia 12 de junho de 1997 tivemos a satisfação de receber do *Départment du Val-de-Marne*, através de *mme.* Corinne Hubert, *adjoint au directeur*, o registro civil do nascimento de Amélie Gabrielle, mais tarde sra. Rivail.

Analisemos a certidão minuciosamente:

1 - A Data de Nascimento

O registro civil ocorreu em "dois do frimário do ano quatro da República Francesa".

Consultando o *software Calendrier*, já referido anteriormente, temos a data de 23 de novembro de 1795.

No entanto, a certidão registra que a mãe de Amélie, Julie, "deu à luz ontem, uma menina".

Aqui, mais uma surpresa! H. Sausse[18] troca a data do registro pela de nascimento. Fatos são fatos! Amélie Gabrielle nasceu, num domingo, 22 de novembro de 1795, em Thiais.

2 - Os Pais de Amélie Gabrielle

Julien Louis Boudet, vinte e sete anos, cidadão francês, domiciliado na comunidade de Thiais.

H. Sausse informa que o sr. Julien era "proprietário e antigo tabelião".[19] Zeus/Thiesen acrescentam ser "bem colocado na vida"[20] e Canuto de Abreu ressalta pertencer ele à família de "renomados intelectuais".[21]

---

[18] P. 52.

[19] P. 12.

[20] P. 114, vol. I.

[21] *O livro dos espíritos e sua tradição histórica e lendária.* 1ª ed. LFU, p. 126.

A mãe de Amélie era a sra. Julie Louise Saigne de la Combe.

Aqui, destacamos que a certidão registra Saigne e não "Seigneat", conforme H. Sausse. Outro detalhe é a forma de grafar de la Combe, que também pode ser de Lacombe, segundo Canuto de Abreu[22] que ainda informa ser um ramo de "pessoas gradas".

3 – A Menina Amélie Gabrielle

Gaby "na intimidade", segundo Canuto, "filha única, tivera educação esmeradíssima, compatível com os recursos da família".[23]

> Aliando, desde cedo, grande vivacidade e forte interesse pelos estudos, ela não foi problema para os pais, que, a par da fina educação moral, lhe proporcionaram apurados dotes intelectuais. Após cursar a escola primária estabeleceu-se em Paris com a família, ingressando numa Escola Normal, de onde saiu diplomada em professora de primeira classe.[24]

4 – Testemunhas Maiores

Gabriel Nicolas Croisette Desnoyers, de cinquenta e dois anos, cidadão francês, morador em Mauthe sur Seine e presentemente em Thiais.

---

[22] Idem, p.126.

[23] Idem, p.126.

[24] Zeus/Thiesen, p.114, vol. I.

Françoise Maric Petit, cinquenta e sete anos, viúva de Julien Boudet, domiciliada em Château du Loire, departamento de Sarthe.

Todas as testemunhas assinaram o registro civil, junta mente, com o pai, sr. Julien Louis e o membro do conselho-geral da comunidade de Thiais, sr. Michel Antoine Sautan.

Aqui é que aparece o prefeito Mathieu, responsável pela reconstituição do documento original.

5 - Cópia Conforme Original Destruído Durante a Insurreição de 1871

Essa informação, no final da certidão, nos levou outra vez ao concurso do sr. Jean-Louis Pailhès, da BNF, já citado, que ofereceu a seguinte explicação dos fatos por e-mail (15.04.97):

"Chamo sua atenção sobre o fato de os atos do estado civil parisiense terem sido queimados em 1871, quando do incêndio da sede da Autoridade Civil do Município (Prefeitura). Os atos civis anteriores a esta data então desapareceram. Eles foram, posteriormente, parcialmente reconstituídos."

3. A CERTIDÃO DE CASAMENTO DE BOUDET - RIVAIL

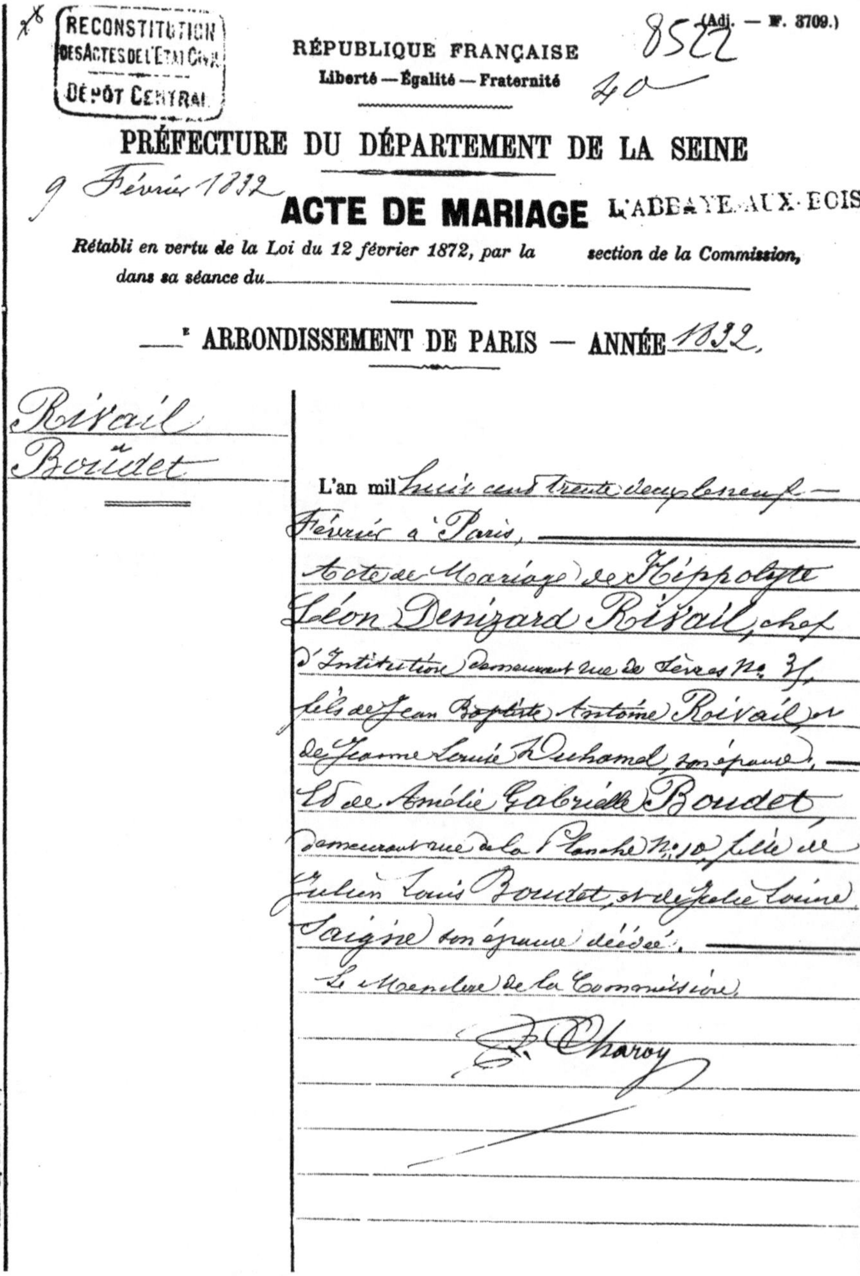

(Adj. — F. 3709.)

RECONSTITUTION DES ACTES DE L'ÉTAT CIVIL — DÉPÔT CENTRAL

8522

40

RÉPUBLIQUE FRANÇAISE

Liberté — Égalité — Fraternité

PRÉFECTURE DU DÉPARTEMENT DE LA SEINE

9 Février 1832

ACTE DE MARIAGE L'ABBAYE-AUX-BOIS

Rétabli en vertu de la Loi du 12 février 1872, par la section de la Commission, dans sa séance du

— ARRONDISSEMENT DE PARIS — ANNÉE 1832.

Rivail
et
Boudet

L'an mil huit cent trente deux le neuf — Février à Paris,

Acte de Mariage de Hippolyte Léon Denizard Rivail, chef d'Institution demeurant rue de Sèvres No. 3[illegible], fils de Jean Baptiste Antoine Rivail et de Jeanne Louise Duhamel, son épouse;

Et de Amélie Gabrielle Boudet demeurant rue de la Planche No. 10, fille de Julien Louis Boudet, et de Julie Louise Saigne son épouse décédée.

Le Membre de la Commission,

Charoy

Paris. — Imp. Paul Dupont (Cl.)

Documento 3: Reconstituição dos atos de estado civil

A Certidão de Casamento de Boudet-Rivail:

Rivail et
Boudet

Reconstitution des Actes de L'État Civil

Dépôt Central

Préfecture du Département de La Seine

L'an mil huit cent trente deux, le neuf Février à Paris.

Acte de Mariage de Hippolyte Léon Denizard Rivail , chef d'Institution, demeurant rue de Sèvres No. 35, fils de Jean Baptiste Antoine Rivail et de Jeanne Louise Duhamel, son épouse - et de Amélie Gabrielle Boudet, demeurant rue de la Planche No. 10, fille de Julien Louis Boudet et de Julie Louise Saigne son épouse décédée.

Le membre de la Commission

Assinatura *(... Charoy)*

Rivail e
Boudet

Reconstituição dos Atos de Estado Civil

Depósito Central

Prefeitura do Departamento de La Seine

Ano mil oitocentos e trinta e dois, nove de fevereiro, em Paris.

Certidão de casamento de Hippolyte Léon Denizard Rivail, Diretor de Instituição de Ensino, morador na rua de Sèvres, nº 35, filho de Jean Baptiste Antoine Rivail e de Jeanne Louise Duha-mel, sua esposa; e de Amélie Gabrielle Boudet, moradora na rua de la Planche, nº 10, filha de Julien Louis Boudet e de Julie Louise Saigne, sua esposa falecida.

Membro da Comissão

Assinatura (... Charoy)

Amélie-Gabrielle Boudet em foto de 1882

Recebemos, no significativo dia 18 de abril de 1997, a reconstituição da ccrtidão dc casamento de Boudet - Rivail.

Essa reconstituição é consequência da lei de 12 de fevereiro de 1872, e o membro autorizado da Comissão para reconstituição desse registro de casamento assinou Charoy.

1 - O Dia do Casamento

A certidão registra, sem dúvida, 09 de fevereiro de 1832, em Paris, o que seria uma quinta-feira.

Aqui, mais uma surpresa! H. Sausse informa, equivocadamente: 06 de fevereiro de 1832.[25]

2 - Os Noivos:

"Hippolyte Léon Denizard Rivail".

A comissão de reconstituição do registro apresenta o nome do Codificador de forma idêntica àquela que o próprio Kardec fazia em seus "trabalhos literários".[26] Ressaltamos que essa forma de grafar o nome civil de Kardec é a preferida de Zeus/Thiesen, no apêndice, "Kardec e seu Nome Civil".[27]

A certidão registra, também, que Kardec era diretor de instituição de ensino.

Rivail acumulava experiência em educação desde os quatorze anos de idade. Isso podemos ver no seu *Plan proposé pour l' amélioration de l'Éducation Publique*, de 1828, quando, em certa altura, afirma: "é isto o que me demostrou uma experiência em educação de dez anos". Logo, desde 1818.

---

[25] P. 12.

[26] Ver Canuto de Abreu, pp. 131/2.

[27] P. 197, vol. I.

Temos aqui o "Instituto Rivail" em Paris,

> [...] um instituto técnico, criado em 1826, à rua de Sèvres nº 35, e modelado no extinto Instituto de Yverdon, teve uma vida longa (o Instituto Rivail) para aquela época, adquirindo mesmo certo renome. Funcionou até 1834, [...][28]

O registro civil ainda informa que Rivail residia na rua de Sèvres, nº 35, mesmo local do "Instituto Rivail".

Canuto de Abreu traça elegante perfil do sr. Rivail:[29]

> O esposo - Hippolyte em família, Professor Rivail, na sociedade e H-L-D-Rivail na literatura - era, desde os dezoito anos, mestre colegial de Ciências e Letras e, desde os vinte anos, renomado autor de livros didáticos.
>
> Salientou-se na profissão para qual fora aprimoradamente educado, na Suíça, pelo maior pedagogo do primeiro quarto de século XIX, de fama mundial e até hoje modelo dos mestres: João Henrique Pestalozzi. E sucedeu ao próprio mestre, em Paris.
>
> De cultura acima da normal, nos homens ilustres da sua idade e do seu tempo, impôs-se ao geral respeito desde moço. Temperamento infenso à fantasia, sem instinto poético nem romanesco, todo inclinado ao método, à ordem, à disciplina mental, praticava, na palavra escrita ou falada, a precisão, a nitidez, a simplicidade, dentro dum vernáculo perfeito escoimado de redundâncias.

---

[28] Idem pp. 110/1.

[29] P. 127.

De estatura meã, apenas 165 centímetros, e constituição delicada, embora saudável e resistente, o Professor Rivail tinha um rosto sempre pálido, chupado, de zigomas salientes e pele sardenta, castigada de rugas e verrugas. Fronte vertical comprida e larga, arredondada ao alto, erguida sobre arcadas orbitárias proeminentes, com sobrancelhas abundantes e castanhas. Cabelos lisos... repartidos, na frente da esquerda para a direita, sem topete, confundidos, nos temporais, com as barbas... que lhe desciam até o lóbulo das orelhas e cobriam, na nuca, o colarinho duro de pontas coladas ao queixo. Olhos pequenos e afundados, com olheiras e pápulas. Nariz grande, ligeiramente acavaletado perto dos olhos, com largas narinas entre rictos arquea-
dos e austeros. Bigodes rarefeitos, aparados à borda do lábio... para triangular sobre o beiço, disfarçando uma pinta cabeluda. Semblante severo quando estudava... mas cheio de vivacidade amena e sedutora quando ensinava ou palestrava.

O que nele mais impressionava era o olhar estranho e misterioso, cativante pela brandura das pupilas pardas, autoritário pela penetração a fundo na alma do interlocutor. Pousava sobre o ouvinte como suave farol e não se desviava abstrato para o vago senão quando meditava, a sós. E o que mais personalidade lhe dava era a voz, clara e firme de tonalidade agradável e oracional, que podia escalar agradavelmente, desde o murmúrio acariciante até as explosões da eloquência parlamentar.

Sua gesticulação era sóbria, educada. Quando distraído, a ler ou a pensar, cofiava os *favoris*. Quando ouvia uma pessoa, enfiava o polegar direito no espaço entre os dois botões do colete, a fim de não aparentar impaciência e, ao contrário, convencer de sua tolerância e atenção. Conversando com discípulos ou amigos íntimos, apunha algumas vezes a destra ao ombro do ouvinte, num gesto de familiaridade. Mantinha rigorosa etiqueta social diante das damas.

* * *

"Amélie Gabrielle Boudet".

"Moradora à rua de la Planche, nº 10".

H. Sausse registra, num claro engano, o endereço da senhorita A. Boudet, como sendo a rua Sèvres, n° 35. Não! A certidão esclarece o fato e confirma o endereço correto dos noivos, como vimos acima.

Segundo H. Sausse a "senhorita Amélie Boudet tinha, pois, mais nove anos que o sr. Rivail, mas na aparência dir-se-ia ter menos dez que ele".[30]

A senhorita Amélie "também fora professora de Letras e Belas Artes, trazendo de encarnações passadas a tendência inata, por assim dizer, para a poesia e o desenho. Culta e inteligente, chegou a dar à luz três obras, assim nomeadas: *Contos primaveris*, 1825; *Noções de desenho*, 1826; *O essencial em Belas Artes*", 1828.

Vivendo em Paris, no mundo das letras e do ensino, quis o Destino que um dia a srta. Amélie Boudet deparasse com o prof. Hippolyte Léon Denizard Rivail.

[30] P. 12.

De altura baixa, mas bem proporcionada, de olhos pardos e serenos, gentil e graciosa, vivaz nos gestos e na palavra, denunciando penetração de espírito, Amélie Boudet, aliando ainda a todos esse predicados um sorriso terno e bondoso, logo se fez notar pelo circunspecto prof. Rivail, em quem reconheceu, de imediato, um homem, verdadeiramente superior.[31]

[31] Zeus/Thiesen pp. 115/6 vol. I.

4. A CERTIDÃO DE ÓBITO DE ALLAN KARDEC

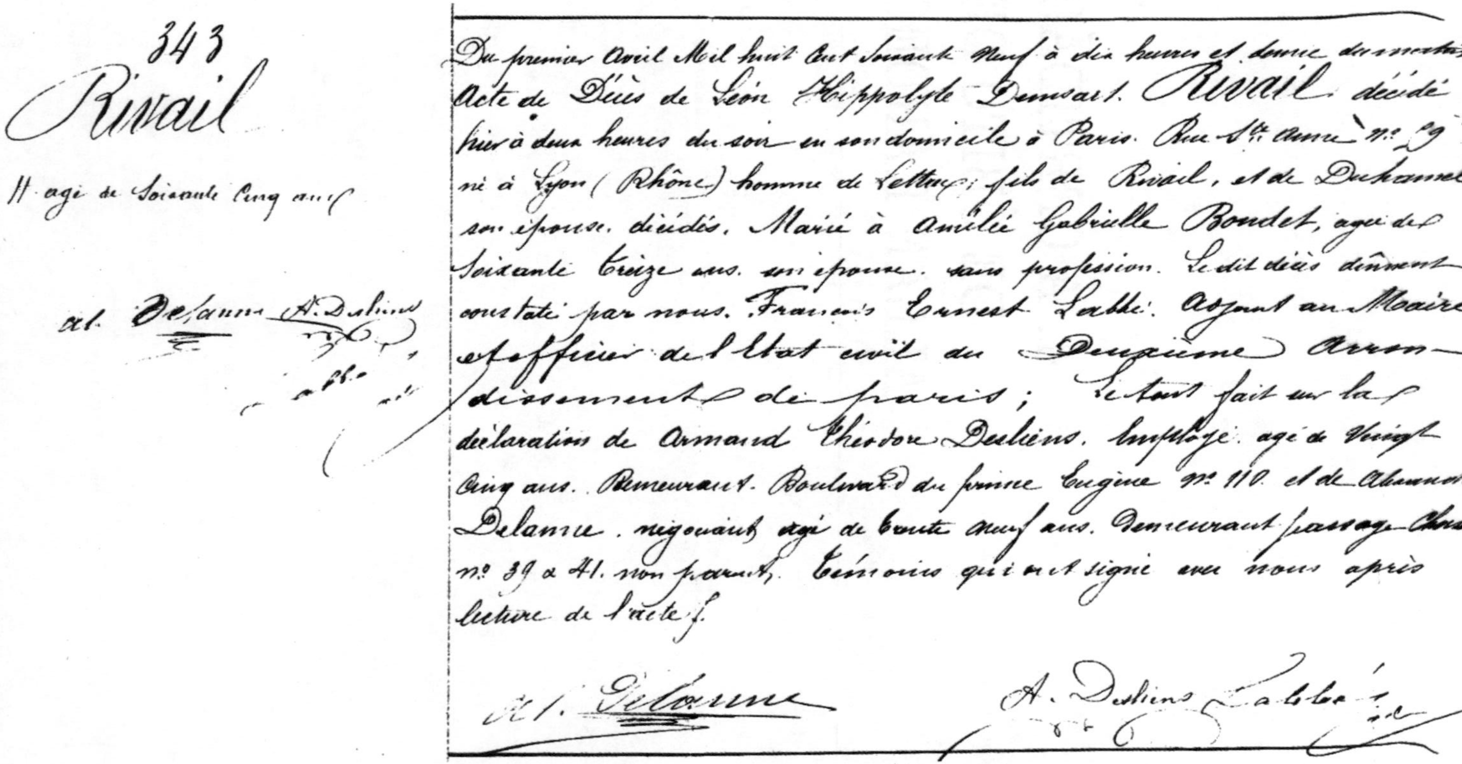

343
Rivail
Il agé de Soixante Cinq ans

Du premier Avril Mil huit Cent Soixante Neuf à dix heures et demie du matin
Acte de Décès de Léon Hippolyte Denisart Rivail décédé
hier à deux heures du soir en son domicile à Paris Rue Ste Anne no 59-41
né à Lyon (Rhône) homme de Lettres; fils de Rivail, et de Duhamel
son épouse, décédés. Marié à Amélie Gabrielle Boudet, agée de
Soixante treize ans, son épouse, sans profession. Le dit décès dûment
constaté par nous. François Ernest Labbé. Adjoint au Maire
et officier de l'Etat civil du Deuxième Arron-
dissement de Paris; Ledit acte fait sur la
déclaration de Armand Théodore Desliens. Employé, agé de Vingt
Cinq ans. Demeurant Boulevard du prince Eugène no 110. et de Alexandre
Delanne. négociant agé de trente neuf ans. Demeurant passage Choiseul
no 39 à 41. non parents, Témoins qui ont signé avec nous après
lecture de l'acte.

A. Delanne — A. Desliens — Labbé

Documento 4: Certidão de óbito de Allan Kardec

Du premier avril mil huit cent soixante neuf à dix heures et demie du matin

343 Rivail

? agé de soixante cinq ans

Assinaturas

Acte de Décès de Léon Hippolyte Denisart Rivail, *décédé hier à deux heures du soir, en son domicile à Paris, rue Ste Anne no 59*[1], *né à Lyon (Rhône), homme de lettres, fils de Rivail, et de Duhamel son épouse, décédés. Marié à Amélie Gabrielle Boudet, agée de soixante treize ans, son épouse, sans profession. Le dit décès dûment constaté par nous, François Ernest Labbel, adjoint au Maire et officier de l'État Civil du Deuxième Arrondissement de Paris; Le tout fait sur la déclaration de Armand Théodore Deslien, employé, agé de vingt cinq ans, demeurant Boulevard du Prince Eugène no 110 et de Alexandre Delanne, négociant, agé de trente neuf ans, demeurant passage Choiseul no 39 & 41, non parents, témoins qui ont signé avec nous après lecture de l'acte.*

Assinaturas

Ao primeiro de abril de mil oitocentos e sessenta e nove, às dez horas e meia da manhã.

343 Rivail

? de sessenta e cinco anos de idade

Assinaturas

Certidão de óbito de Léon Hippolyte Denisart Rivail, falecido ontem às duas horas da tarde em seu domicílio em Paris, Rua Ste Anne no 59 [1], *nascido em Lyon (Rhône), escritor, filho de Rivail, e de Duhamel sua esposa, falecidos. Casado com Amélie Gabrielle Boudet, de setenta e três anos de idade, sua esposa, sem profissão. O dito óbito devidamente constatado por nós, François Ernest Labbé, adjunto do prefeito e oficial do Estado Civil no Segundo Distrito de Paris; totalmente feita conforme declaração de Armand Théodore Desliens, empregado, de vinte e cinco anos de idade, morador no Boulevard du Prince Eugène no 110 e de Alexandre Delanne, negociante, de trinta e nove anos de idade, morador na passagem Choiseul no 39 & 41, não parentes, testemunhas que assinaram conosco após leitura da certidão.*

Assinaturas

Busto de Allan Kardec, no cemitério Père Lachaise. Os despojos do Codificador, enterrados inicialmente no cemitério de Montmartre, foram transladados para o Père Lachaise, em 31 de março de 1870. O projeto foi idealizado pelo escultor francês Charles-Romain Cappellaro (1826-1899), há muito conhecido do mundo artístico, pois expõe na Salão de Artes, desde 1860, e, sendo espiritualista, admitia os princípios fundamentais da doutrina espírita. Ver *Revue Spirite* de 1870, pp. 4-5. (Foto E. Audi)

Essa certidão nos foi encaminhada em 18 de abril de 1997, pelo "*Le conservateur en chef du patrimoine, directeur des Arquives de Paris, le conservateur du patrimoine*", Marie-Andrée Corcuff.

1 - O Nome de Rivail na Certidão de Óbito

"Léon Hippolyte Denisart Rivail"

Aqui, também, temos alterações em comparação com a certidão de nascimento. A posição da palavra "Léon" é invertida com relação a "Denisart" e acentuada. "Hippolyte" está com 'pp' e o 'y' se encontra após o 'l'. Já em "Denisart" temos a grafia com 's', corretamente, mas com 't' no final.

Assim, temos mais complicações para averiguar, corretamente, o nome do insigne Codificador.

2 - 31 de Março de 1869

O registro das testemunhas do óbito, ocorreu "ao primeiro de abril de 1869, às dez horas e meia da manhã". Informaram que Rivail faleceu "ontem... em seu domicílio em Paris, na rua Sainte Anne, nº 59".

A certidão ressalta o que todos sabemos: Allan Kardec retorna ao plano espiritual, numa quarta-feira, dia 31 de março do ano de 1869, fulminado, como citam seus biógrafos, pela ruptura de um aneurisma.[32]

---

[32] Dificilmente a causa da desencarnação de Kardec teria sido o rompimento de um aneurisma, como se tem dito, chegando-se a especificar que teria sido da aorta descendente. A constatação do óbito por aneurisma, à época, se daria apenas através de necropsia, e não se consta que os despojos de Allan Kardec tenham sido submetidos a esse exame. A descrição do sr. Muller, que diz: "ele se curvou sobre si mesmo, sem proferir uma única palavra, estava morto", acrescida da descri-

Imediatamente após conhecimento do fato, o Sr. E. Muller, grande amigo de Kardec e de sua esposa, mandou o seguinte telegrama aos espíritas lioneses: "*Monsieur Allan Kardec est mort, on l'enterre vendredi*", ou seja, em português: "Morreu o Sr. Allan Kardec, será enterrado sexta-feira".

No mesmo dia, o Sr. Muller assim se expressava em carta ao Sr. Finet, de Lião:

(...)

Ele morreu esta manhã, entre onze e doze horas, subitamente, ao entregar o número da '*Revue*'[33] a um caixeiro de livraria que acabava de comprá-lo, ele se curvou sobre si mesmo, sem proferir uma única palavra: estava morto.

Sozinho em sua casa (rua Sant'Ana), Kardec punha em ordem livros e papéis para a mudança que se vinha processando e que deveria terminar amanhã. Seu empregado, aos gritos da criada e do caixeiro, acorreu ao local, ergueu-o ... nada, nada mais. Delanne[34] acudiu com toda a presteza, friccionou-o, magnetizou-o, mas em vão. Tudo estava acabado.

ção de toda a cena, nos leva a crer tenha ocorrido uma parada cardíaca após um infarto fulminante do miocárdio. Demais, é manifesto, em suas biografias, pelas orientações médicas descritas, que Kardec era cardíaco. Dos arquivos de Canuto Abreu, publicada por Wantuil & Thiesen (pp. 112-113), uma carta de Kardec ao sr. Judermühle diz o seguinte: "Desde o dia 31 de janeiro (1865) [...] fui acometido de um reumatismo interno que se estendeu ao coração e aos pulmões"... Esta é a descrição de uma insuficiência cardíaca congestiva. (Nota de L. Palhano Jr.)

33 "Entregou o número da '*Revue*'". Este fato confirma que Kardec esteve lúcido até os seus últimos momentos na Terra, visto que nesse número da revista seus pensamentos mantinham a coerência e o bom-senso de sempre. (Nota de L. Palhano Jr.)

34 Alexandre Delanne, pai do engenheiro e emérito pesquisador e escritor espírita Gabriel Delanne.

Venho de vê-lo. Penetrando a casa, com móveis e utensílios diversos atravancando a entrada, pude ver, pela porta aberta da grande sala de sessões, a desordem que acompanha os preparativos para uma mudança de domicílio; introduzido numa pequena sala de visitas que conheceis bem, com seu tapete encarnado e seus móveis antigos, encontrei a Sra. Kardec assentada no canapé, de face para a lareira; ao seu lado, o Sr. Delanne; diante deles, sobre dois colchões colocados no chão, junto à porta da pequena sala de jantar, jazia o corpo, restos inanimados daquele que todos amamos. Sua cabeça, envolta em parte por um lenço branco atado sob o queixo, deixava ver toda a face, que parecia repousar docemente e experimentar a suave e serena satisfação do dever cumprido.

Nada de tétrico marcara a passagem de sua morte; senão fora a parada da respiração, dir-se-ia que ele estava dormindo.

Cobria-lhe o corpo uma coberta de lã branca, que, junto aos ombros dele, deixava perceber a gola do *robe de chambre*, a roupa que ele vestia quando fora fulminado; a seus pés, como que abandonadas, suas chinelas e meias pareciam possuir ainda o calor do corpo dele.

Tudo isto era triste, e, entretanto, um sentimento de doce quietude penetrava-nos a alma; tudo na casa era desordem, caos, morte, mas tudo aí parecia calmo, risonho e doce, e, diante daqueles restos, forçosamente meditamos no futuro.[35]

---

[35] Zeus/Thiesen, pp. 119/121, vol. III.

3 - O Horário do Falecimento de Rivail

Vimos, na carta acima do sr. E. Muller, a informação de que Kardec "morreu esta manhã, entre onze e doze horas". Porém, a certidão de óbito registra mais uma surpresa: "falecido ontem às duas horas da tarde".

De quem o equívoco? Penso ser do sr. E. Muller, pois as testemunhas de óbito, A. Desliens e A. Delanne eram extremamente presentes na vida do Codificador. Vejamos:

i) "Armand Théodore Desliens, empregado, de vinte e cinco anos de idade, morador no Boulevard du Prince Eugène, nº 110".

Sabemos que, após o falecimento de Rivail, foi cons-

tituída uma comissão, em 16 de abril de 1869, para a realização do plano de organização do espiritismo e o sr. Desliens, seareiro de primeira grandeza, foi nomeado secretário-gerente.

Mais tarde, Armand Desliens, em 3 de julho de 1869, quando foi instituída a *Société Anonyme du Spiritisme,* com o fim de realizar os planos de A. Kardec, fora conduzido às funções de administrador da sociedade.

Na inauguração do dólmen druídico de Kardec, no cemitério do Père-Lachaise, em 31 de março de 1870, lá pelas duas horas da tarde, A. Desliens, num longo discurso intitulado "O homem é espírito e matéria", enaltece a figura missionária de Kardec.

Logo, dada essa proximidade com A. Kardec, A. Desliens deveria saber muito bem os detalhes sobre o horário de falecimento do Codificador. Detalhes que informou e assinou, juntamente com A. Delanne ("não-parentes"), perante o sr. François Ernest Labbé, adjunto do prefeito e oficial do estado civil no Segundo Distrito de Paris.

ii) "Alexandre Delanne, negociante, de trinta e nove anos de idade, morador na passagem Choiseul, nº 39 & 41".

Aqui, também, uma testemunha de proximidade inconteste com Kardec. É o sr. Muller que informa que A. Delanne "acudiu com presteza, friccionou-o, magnetizou-o, mas em vão". Logo, essa testemunha da certidão de óbito era testemunha ocular dos fatos; além, de "amigo dedicado de Kardec durante doze anos".[36]

Alexandre Delanne, no cemitério de Montmartre, "onde, bem ao fundo, uma simples fossa recebeu o caixão que encerrava os despojos de Kardec",[37] em dois de abril, ao meio-dia, discursava, em nome das sociedades espíritas da França e do estrangeiro e agradecia ao "pioneiro emérito a felicidade que morava em todos os corações bafejados pela obra que ele (Kardec) assentara nas bases inabaláveis da fé raciocinada".[38]

Quando da inauguração do dólmen de Kardec, em 1870, impossibilitado de comparecer, devido a uma longa e dolorosa doença, escreveu uma extensa missiva, em 30 de março de 1870, de Rouvray, que foi publicada na brochura *Discours prononcés pour l'anniversaire de la mort de Allan Kardec. Inauguration du monument*, Paris, à *Librairie Spirite*, 1870. Desta carta destacamos:

> Ninguém saberia, melhor que eu, reconhecer as raras qualidades de Allan Kardec e render-lhe

---

[36] *Reformador*, março, 1991, p.11.

[37] Zeus/Thiesen, p. 123, vol. III.

[38] Idem, p. 126.

a devida justiça... visto que por muitas vezes tive a honra de ser recebido em sua intimidade.[39]

4 - A Idade de Rivail

A certidão registra: " falecido... em seu domicílio,... rua Ste. Anne, nº 59*".

Mais uma vez um asterisco (*), que remete o leitor para uma nota, no lado esquerdo, que informa: "de sessenta e cinco anos de idade". Nota que todos, também, assinaram.

5 - Local de Nascimento de Rivail

A certidão confirma o registro civil do nascimento, informando ter Allan Kardec "nascido em Lyon (Rhône)".

6 - Profissão de Rivail/Kardec

A certidão de óbito é categórica: escritor ("*homme de lettres*").

Como H-L-D-Rivail, era autor de muitas obras didáticas, literárias e tradutor do inglês, alemão, italiano e espanhol.

Como Allan Kardec, escreveu, entre outras obras, o pentateuco espírita, pedra angular de toda orientação e pesquisa do espiritismo.

[39] Idem, pp. 136/7.

5. A CERTIDÃO DE ÓBITO DE AMÉLIE BOUDET

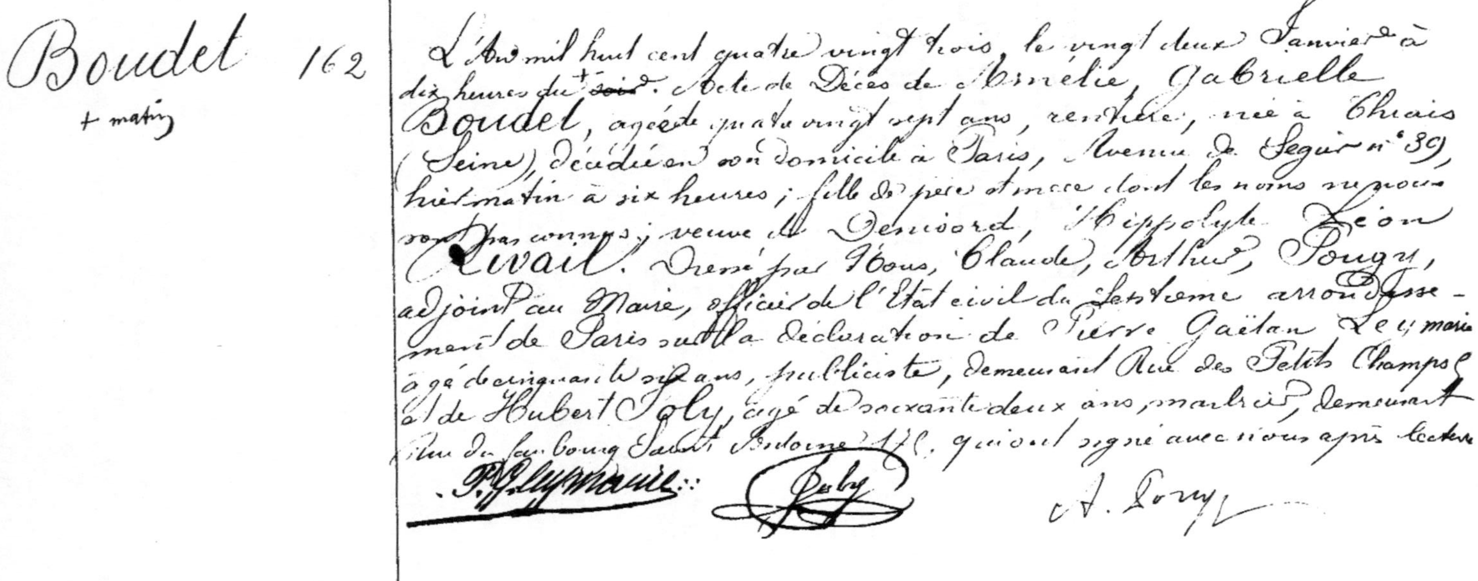

Boudet 162
+ matin

L'An mil huit cent quatre vingt trois, le vingt deux Janvier à dix heures du matin. Acte de Décès de Amélie, Gabrielle Boudet, agée de quatre vingt sept ans, rentière, née à Choisy (Seine), décédée en son domicile à Paris, Avenue de Ségur n° 39, hier matin à six heures; fille de père et mère dont les noms ne nous sont pas connus; veuve de Denisard, Hippolyte Léon Rivail. Dressé par Nous, Claude, Arthur, Pougy, adjoint au Maire, officier de l'État civil du septième arrondissement de Paris sur la déclaration de Pierre Gaëtan Leymarie, âgé de cinquante six ans, publiciste, demeurant Rue des Petits Champs 5, et de Hubert Joly, âgé de soixante deux ans, marbrier, demeurant Rue du faubourg Saint Antoine 176, qui ont signé avec nous après lecture.

P. G. Leymarie — Joly — A. Pougy

Documento 5: Certidão de Óbito de Amélie Gabrielle Boudet

A Certidão de Óbito de Amélie Gabrielle Boudet:

Boudet *L'an mil huit cent quatre vingt trois, le vingt deux Janvier*
162 *à dix heures du* +~~*soir*~~. *Acte de Décès de Amélie Gabrielle* Boudet, *agée de quatre ving sept ans, rentière, née à Thiais*
* matin *(Seine), décédée en son domicile à Paris, Avenue de Segur n° 39, hier matin à six heures; fille de père et mère dont les noms ne nous sont pas connus; veuve de Denisard, Hippolyte Léon* Rivail. *Dressé par nous, Claude Arthur Pougy, adjoint au Maire, officier de l'État civil du septième arrondissement de Paris, sur la déclaration de Pierre Gaëtan Leymarie, agé de cinquante six ans, publiciste, demeurant Rue des Petits Champs 5 et de Hubert Joly, agé de soixante deux ans, marbrier, demeurant Rue du Faubourg Saint Antoine 175, qui ont signé avec nous après lecture.*

Assinaturas

Boudet Ano de mil oitocentos e oitenta e três, vinte e dois
162 de janeiro, às dez horas da +~~tarde~~. Certidão de óbito de Amélie Gabrielle Boudet, de oitenta e sete anos de
* manhã idade, capitalista, nascida em Thiais (Seine), falecida em seu domicílio em Paris, avenida de Segur, n° 39, ontem às seis horas da manhã; filha de pai e mãe cujos nomes são desconhecidos, viúva de Denisard, Hippolyte Léon Rivail. Redigida por nós, Claude Arthur Pougy, adjunto do prefeito, oficial do estado civil do sétimo distrito de Paris, conforme declaração de Pierre Gaëtan Leymarie, de cinquenta e seis anos de idade, publicitário, morador na rua des Petits Champs, 5, e de Hubert Joly, marmorista, morador na rua du Faubourg Saint Antoine, 175, que assinaram conosco após leitura.

Assinaturas

Os despojos de Amélie Boudet foram colocados junto ao de seu marido. Observar o erro da data de nascimento inscrito na base do busto do Codificador. (Foto E. Audi)

Essa certidão também recebemos em 18.04.1997, juntamente com as de casamento e óbito de Rivail.

1 - O Dia do Registro de Óbito de Boudet

“Ano de mil oitocentos e oitenta e três, vinte e dois de janeiro, às dez horas da *~~tarde~~”.

Aqui, mais um asterisco (*), que antecede a palavra “~~tarde~~”, que está riscada. Esse asterisco leva o leitor para a margem esquerda da certidão, onde se pode ler: *manhã.

Assim, temos que o registro de óbito ocorreu em 22 de janeiro de 1883, às dez horas da manhã.

2 - 21 de Janeiro de 1883

A certidão registra: “falecida ... ontem”.

O texto civil é claro: Amélie Gabrielle Boudet, faleceu em 21 de janeiro de 1883, num domingo.

Zeus/Thiesen informam que *mme.* A. Boudet desencarnou “docemente, com rara lucidez de espírito, com aquele mesmo gracioso e meigo sorriso que sempre lhe brincava nos lábios...”[40]

De acordo com os seus próprios desejos, o enterro de *mme.* Allan Kardec foi simples e espiriticamente realizado, no Père-Lachaise, em 23 de janeiro, junto ao dólmen do Codificador.

Na coluna que sustenta o busto de Kardec, foram depois gravados, à esquerda, esses dizeres em letras maiúsculas:

---

[40] P.158, vol. III.

Amélie Gabrielle Boudet
Veuve Allan Kardec
21 Novembre 1795 - 21 Janvier 1883

Zeus/Thiesen[41] corrigem o erro na data de nascimento de *mme.* Boudet (21 novembre 1795) e, baseados em H. Sausse, registram: "o dia do nascimento, que foi realmente em 23". Ora, como vimos na certidão de nascimento de A. G. Boudet, se enganaram H. Sausse, Zeus/ Thiesen e a grafia no suporte do busto de Kardec, pois a data correta é 22 de novembro de 1795.

No ato de sepultamento, ao meio-dia, discursaram: P.-G. Leymarie (em nome de todos os espíritas e da Sociedade para Continuação das Obras Espíritas de Allan Kardec), Charles Fauvety (Presidente da Sociedade Científica de Estudos Psicológicos), Gabriel Delanne, Cot, Carrier, J. Camille Chaigneau, Lecoq, Georges Cochet, Louis Vignon, dr. Josset e sra. Sofia Rosen-Dufaure. Por fim a prece de Warroquier (ver p. 50, da *Revue Spirite*, de março de 1883).

Essa mesma *Revue Spirite* informa que uma brochura relatará a vida de *mme.* Boudet e os discursos pronunciados no Père-Lachaise.

3 - A Idade de Amélie Boudet

A certidão informa corretamente: "de oitenta e sete anos de idade".

Aqui, mais um engano do biógrafo H. Sausse, que registra "oitenta e nove anos". Leymarie e Joly também se equi-

[41] P. 159, vol. III.

vocaram e registraram “oitenta e oito anos”(*Revue Spirite*, Février 1883, p. 49). Zeus/Thiesen já haviam corrigido na p. 158, vol. III, da “meticulosa biobibliografia”.

4 - A Hora da Desencarnação de Boudet

A certidão registra: “às seis horas da manhã”.

No entanto, Zeus/Thiesen informam “às 5 horas da madrugada”, baseados no artigo de H. Joly - P.-G. Leymarie, na '*Revue*' citada acima.

Aqui também há um pequeno, muito pequeno engano. Os dados do registro foram relatados ao sr. Claude Arthur Pougy, adjunto do prefeito, oficial do estado civil do sétimo distrito de Paris, conforme declaração de Leymarie e Joly. Assim, ora como testemunhas, informaram: “seis horas”; ora como redatores da '*Revue*', registraram: “cinco horas”. Acreditamos ser melhor pensar que *mme.* Rivail faleceu entre 5 e 6 horas da manhã.

5 - As Testemunhas da Certidão

i)“Pierre-Gaëtan Leymarie, de cinquenta e seis anos de idade, publicitário, morador na rua des Petits Champs, 5”.

Leymarie, seareiro da primeira hora, era o administrador da Sociedade para a Continuação das Obras Espíritas de Allan Kardec (fundada em 3 de julho de 1869).

ii)“Hubert Joly, marmorista morador na rua du Faubourg Saint Antoine, 175”.

H. Joly era o gerente (*Le Gérant*) da *Revue Spirite*.

6 - Local do Falecimento[42]

A certidão declara: "falecida em seu domicílio em Paris, avenida de Ségur, nº 39".

H. Sausse informa o seguinte sobre esse endereço acima:

> Desde os primeiros anos do Espiritismo, Allan Kardec havia comprado, com o produto das suas obras pedagógicas, 2.666 metros quadrados de terreno na avenida Ségur, atrás dos Inválidos. Tendo essa compra esgotado seus recursos, ele contraiu com o Crédit Foncier um empréstimo de 50.000 francos para fazer construir nesse terreno seis pequenas casas, com jardim; alimentava a doce esperança de recolher-se a uma delas, na Vila Ségur, e torná-la-ia depois da sua morte asilo a que se pudessem recolher na velhice os defensores indigentes do Espiritismo.[43]

Mme. Berthe Fropo, amiga do casal A. Kardec, no jornal *Le Spiritisme - organe de l'Union Spirite Française*, cujo proprietário-gerente era Gabriel Delanne, no artigo "*Un Peu de Lumière*", da segunda quinzena de outubro de 1883, pp. 1 e 2, informa que essa "propriedade, cujo terreno vale 300.000 francos", foi legada à Sociedade para a Continuação das Obras Espíritas de Allan Kardec, por *mme.* Rivail, em testamento, "no qual era inventariante o Sr. Levent" (antigo vice-presidente da Sociedade Parisiense de Estudos Espíritas - 1869).[44]

---

[42] P. 45.

[43] Pp. 43/4.

[44] Zeus/Thiesen, p. 160, vol. III.

7 - Pais de Boudet

A certidão, curiosamente, registra que A. Boudet era "filha de pai e mãe cujos nomes são desconhecidos".

Eram desconhecidos para as lembranças de Leymarie e Joly, no momento do registro civil.

Já registramos que as certidões de nascimento e de casamento de *mme.* Boudet informam os nomes dos seus pais: Julien Louis Boudet e Julie Louise Saigne de la Combe.

8 - Viúva Rivail

A certidão registra que A. Boudet era "viúva de Denisard, Hippolyte Léon Rivail".

Aqui, temos mais uma vez o nome do Codificador grafado de forma diferente da certidão de nascimento. Vejamos:

Denisard está correto com 's' e 'd'. Hippolyte, está com 'i' depois do 'H', 'pp', em vez de um só 'p' e 'y' depois do 'l', quando o original de nascimento grafa com 'i'. Léon está acentuado.

Com todas essas diferenças, nas diversas certidões, concluímos, com a lei civil, que o certo é seguirmos a certidão de nascimento que registra:

DENISARD, HYPOLITE LEON RIVAIL

9 - Profissão de *Mme.* Rivail

A certidão traz o seguinte registro: capitalista (*rentière*).

A tradução por 'capitalista' está no *Dicionário Universal Langenscheidt*. Já o *Grande Dicionário Francês-Português* de Domingos de Araújo esclarece o significado, como sendo "pessoa que tem rendas, que vive de suas rendas", conforme, também, o '*Larousse*'.

Mais uma vez, vamos nos socorrer de *mme.* B. Fropo, já citada, que no mesmo artigo de *Le Spiritisme*, elucida:

> [...] ela (*mme.* A. Kardec) deixou,[45] além de sua propriedade cujo terreno vale 300.000 francos, 32 imóveis alugados que lhe permitiam uma renda anual de 8 a 10 mil francos; e uma quantia bastante considerável para pagar todas as taxas do inventário.

Logo, *mme.* Rivail vivia, conforme a certidão e os fatos citados acima, como capitalista.

É bom firmar que *mme.* A. Kardec era uma alma nobre, espírita por completo, que sempre se preocupou com o maior bem que se pode fazer para com a doutrina codificada pelo seu marido que é a sua plena propagação.

> Esta propagação - continua B. Fropo - não será eficaz a não ser que os livros do mestre (Allan Kardec) sejam baratos,[46] era o desejo de sua viúva, ela fazia questão, apesar da avançada idade, das maiores privações, a fim de deixar uma imensa fortuna para o espiritismo, aceitando comprometer a sua saúde, já tão delicada, e de ser tratada como avara para atender ao objetivo que se propôs: o de difundir a instrução moral e intelectual, também, entre os adeptos de baixa renda do espiritismo, e de engrandecer a obra de seu marido.

[45] Para a Sociedade para a Continuação das Obras Espíritas de Allan Kardec.

[46] Essa também é a campanha permanente da FEB.

Mme. Boudet, além de ter participado, ativamente, na constituição e fundação da Sociedade Anônima para Continuação das Obras Espíritas de Allan Kardec, frequentava, às sextas-feiras, as reuniões da Sociedade, que tinham um espírito eminentemente religioso, pois começavam e terminavam com preces, ou, sempre que necessário, no decurso da reunião, de acordo com *O evangelho segundo o espiritismo*. Além disso, comparecia à solenidade de 31 de março, a outras reuniões às quais era convidada e todos os anos presidia a "Commemoration Des Morts", onde palestravam diversos oradores e se recebiam várias mensagens do plano maior.

Em 1883, na assembleia anual do Dia dos Mortos, *mme.* Allan Kardec, pela primeira vez, não presidiu a solenidade, corporalmente. Porém, como a "desencarnação não mata ninguém", como sempre ensinava e ensina o tribuno Newton Boechat, a *Revue Spirite*, na p. 563, do ano acima, registra a seguinte visão mediúnica no início da "*Commemoration*":

> [...] seu espírito (*mme.* Boudet), o do Mestre (A. Kardec), os de todos os mortos amados, todos esses da primeira hora, Jobard, Samson, Costeau, Hobach, Sonudra, Didier, d'Ambel, Morin, J.-B. Roustaing, Coutenceau, Collard, Bernardeau, *prince* de Wittgenstein, Rossignol, Guilbert, Mlle. Lieutand, M. M. Larré, Barroux, Monvoison e centenas de outros assistiam em espírito a esta bela sessão.

Após, Leymarie dirigiu palavras com sentimento de ternura e respeito aos amigos invisíveis e pediu que *m.* de Warroquier proferisse a prece e fizesse seus comentários.

L. Vignon apresentou um belo poema e, ainda, discursaram *m.* Casimir Henricq, *m.* Chaigneau, dr. Règnier, Léonce Depont, *m.* Fortis e *m.* Ch. Fauvety. Depois seguiram-se as diversas comunicações mediúnicas pelos médiuns *m.* de Warroquier, *m.* Vignon. *mme.* Hoileux, *m.* Durlain, *mme.* Bonnot, dr. Règnier e *mme.* P... .

Diante dos fatos narrados acima como brilham as frases do Mestre de Nazaré: "*Deus é Deus de vivos e não de mortos*" e "*onde está o seu tesouro aí está seu coração*".

REVUE SPIRITE

JOURNAL

D'ÉTUDES PSYCHOLOGIQUES

26ᵉ ANNÉE — Nº 12 — DÉCEMBRE 1883

L'administration de la Revue Spirite prie nos lecteurs de se réabonner avant le 1ᵉʳ janvier 1884, par un mandat-poste à l'ordre de M. Leymarie ; ils faciliteront l'expédition des écritures. L'abonnement continue, sauf avis contraire. *L'année commencée est due entière.* Les bureaux de poste prennent les abonnements sans augmentation de prix.

—

Nous prions les personnes qui pourraient disposer de vieux vêtements en faveur de nos frères malheureux, soit pour femmes, hommes ou enfants, de vouloir bien nous les adresser, 5, rue des Petits-Champs. Ce serait une bonne œuvre.

AVIS. — Nos lecteurs sont prévenus que notre librairie envoie désormais, franco, tous les ouvrages de son fonds et les œuvres éditées par toutes les librairies parisiennes, livres, musique et notre catalogue.

Exception est faite pour les pays en dehors de l'Union postale.

La librairie fait les abonnements aux journaux et revues.

Tout emballage en caisse se fait aux frais du destinataire.

CONGRÈS SPIRITE UNIVERSEL.

—

Le congrès de la fédération spirite belge, du 16 septembre 1883, a vivement acclamé le projet suivant de son président d'honneur, M. J. Guérin : *Fédération universelle*, réglée par un *Congrès universel* de tous les spirites et spiritualistes de notre globle terrestre.

M. J. Guérin estime que tous les partisans de *la cause* ayant constaté les progrès du spiritualisme moderne et la réalité d'innombrables phénomènes naturels sur lesquels il repose, une souscription devrait être ouverte immédiatement pour parer aux *frais généraux*

COMMÉMORATION DES MORTS

Cette année, Mme Allan Kardec ne présidait plus corporellement notre assemblée annuelle du premier novembre ; son esprit, celui du Maître, ceux de tous nos morts aimés tous ceux de la première heure, Jobard, Samson, Costeau, Hobach, Soudra, Didier, d'Ambel, Morin, J.-B. Roustaing, Coutenceau, Collard, Bernardeau, prince de Wittgenstein, Rossignol, Guilbert, Mlle Lieutaud, MM. Larré, Barroux, Monvoison et cent autres assistaient en esprit à cette belle séance. La salle ne pouvait contenir les assistants. M. Leymarie ayant ouvert la séance et adressé le pieux souvenir aux amis invisibles, donne la parole à M. de Warroquier, lequel, après avoir lu la prière pour la *commémoration des morts* (page 81 du volume : *Prières et méditations spirites*), a prononcé les paroles suivantes :

Frères en croyance.

« Rassemblés aujourd'hui pour fêter la *communion effective entre les morts et les vivants*, vous affirmez une fois de plus cette vérité consolatrice ; appelé par mon âge à en parler le premier, je laisserai à de plus capables le soin de la développer, pour fixer votre attention sur un *point* dont l'importance ne semble pas généralement assez comprise : *le fait de la présence des Esprits près de nous* et des conséquences qui en découlent.

Si les consolations de toutes sortes données par les Esprits aux survivants, viennent adoucir les douleurs que nous donnent les absences inévitables, à cet acte ne se borne pas le profit de ces relations ; ce profit est commun, car, si nous recevons de ces chers disparus, nous pouvons aussi beaucoup leur donner.

Vous n'ignorez point combien le trouble enfanté par la mort doit être pénible pour un grand nombre d'esprits, et comment aussi on peut l'amoindrir et le dissiper par des prières évocatrices; la science des faits nous donne l'explication de cette efficacité. L'esprit qui subit le plus douloureusement cette ignorance de sa situation et chez qui cet affreux état se prolonge souvent fort longtemps, est d'ordinaire un Esprit peu avancé, qui a conservé fortement les impressions terrestres, et c'est par les côtés, pour ainsi dire matériels, qu'on peut l'aider à se reconnaître et à secouer sa torpeur : la voix humaine émeut et réveille le plus sa sensibilité.

Par une grâce de la justice divine, qui veut que l'aide soit à la hauteur de la faiblesse, l'Eternel a permis que cet être, qui ne semble plus exister, perçoive cette voix, qu'elle l'électrise et en

78

Fac-símile da *Revue Spirite* de dezembro de 1883 (ver página anterior), que noticia a "Comemoração dos Mortos", com a presença espiritual de Amélie Boudet e Allan Kardec

Esta edição foi impressa em Abril de 2014 pela Markpress Brasil Indústria Gráfica Ltda., de São Paulo, SP, para o Instituto Lachâtre, sendo tiradas mil cópias, todas em formato fechado 155x225mm e com mancha de 115x175mm. Os papéis utilizados foram o Offset LD 75g/m^2 para o miolo e o Cartão Vitacarta 300g/m^2 para a capa. O texto principal foi composto em Utopia 13/15,6, os títulos foram compostos em Editor Cndn 26/39, as citações, em Utopia 11/13,2 e as notas de rodapé, em Times New Roman 10/12. A revisão foi feita por Cristina da Costa Pereira. A programação visual da capa foi elaborada por Andrei Polessi.